Martin Ebbertz
Onkel Theo erzählt vom Pferd
... und 26 weitere total verrückte Geschichten

Martin Ebbertz, geboren 1962 in Aachen, aufgewachsen in Prüm (Eifel), studierte in Freiburg und Münster Germanistik, Geschichte und Philosophie. Nebenbei war er Flohmarkthändler und Antiquar und trat auf mit dem literarisch-musikalischen Programm *Gegen den Strich*. Nach einem Jahr als Lehrer in Frankreich lebte er als freier Schriftsteller zunächst in Frankfurt am Main, dann fünf Jahre in Thessaloniki (Griechenland). Seit 2000 lebt er in Boppard. Martin Ebbertz schreibt für Kinder und Erwachsene. Er veröffentlicht im Hörfunk und in Literaturzeitschriften wie *Am Erker* oder *Der Rabe*. Für seine Bücher erhielt er zahlreiche Auszeichnungen, u.a. *Kinderbuch des Monats*, *Die besten 7 für junge Leser* und *Bestenliste SR / Radio Bremen*.

Seine bekanntesten Bücher sind:

- *Der kleine Herr Jaromir*

- *Der kleine Herr Jaromir findet das Glück*

- *Karlo, Seefahrer an Land*

und natürlich

- *Onkel Theo erzählt vom Pferd*

Martin Ebbertz im Internet:

www.ebbertz.de

Maria Lechner, geboren 1977 in München, studierte Kommunikations-Design in Nürnberg und Salamanca, Spanien. 2002 Studienabschluss als Diplom-Designerin. Seitdem arbeitet sie als freie Grafikerin und Illustratorin vorwiegend in den Bereichen Schul- und Kinderbuch.

Für Alina
von der Buchmesse
Leipzig, März 2010
mit allen guten
Wünschen!
Martin Ellis

Martin Ebbertz

Onkel Theo erzählt vom Pferd

... und 26 weitere total verrückte Geschichten

Mit Illustrationen von Maria Lechner

Verlag Razamba

© Verlag Razamba Boppard 2010
Alle Rechte vorbehalten.
Text: Martin Ebbertz
Umschlag und Illustrationen: Maria Lechner
Die meisten Geschichten von Onkel Theo wurden zuerst
als Betthupferl im Bayerischen Rundfunk gesendet.
ISBN 978-3-941725-07-2

www.razamba.de

Onkel Theo erzählt von der Banane

„So, ihr Kinder", sagte Onkel Theo. „Heute werdet ihr mal wieder was lernen." Die Kinder setzten sich auf Onkel Theos grünes Sofa und spitzten die Ohren.
„Also", sagte Onkel Theo. „Die Banane." Und er kratzte sich am Kopf.
„Die Banane ist ein krummer Gegenstand, den man essen kann. Die Verpackung besteht aus einem gelben Material. Am obersten Ende ist ein schwarzer Stiel. Diesen Stiel nennt man: Bananenöffner. Wenn man nun eine Banane essen möchte, dann muss man den Bananenöffner umknicken und mit seiner Hilfe die Verpackung von der Banane herunter ziehen. Die Verpackung selbst nennt man: Schale. Sie ist nicht essbar, aber sie ist sehr praktisch, denn wenn man die untere Hälfte dran lässt, dann hat man einen hervorragenden Bananenhalter und macht sich die Hände nicht so schmutzig.
Es ist noch gar nicht lange her, da wurden die Bananen ohne Bananenöffner geliefert. Als ich so alt war, wie ihr, da hatten die Bananen noch gar keinen Stiel. Da war das Bananenessen noch nicht so einfach wie heute. Um eine Banane zu öffnen, brauchte man zunächst einmal einen Hammer und einen Nagel. Damit hat man ein kleines Loch in das obere Ende der Bananenschale geschlagen - aber vorsichtig damit das zarte Fruchtfleisch keinen Schaden nahm. Anschließend musste man die Schale mit einem Büchsenöffner in zwei Hälften schneiden. Und dann erst konnte man die Banane essen.
Erst vor rund dreißig Jahren hat ein kluger Professor aus England den Bananenstiel erfunden, und heute kann jedes Kind eine Banane öffnen.
Und jetzt erkläre ich euch, wie Bananen gemacht werden. In den Bananenfabriken gibt es Töpfe so groß wie Häuser und in diesen Töpfen befindet sich der leckere Bananenbrei. Dieser Brei ist eine flüssige Masse. Er wird etwa drei Wochen lang verrührt und mit ein wenig Zement abgemischt, damit er schön fest wird. Aber nicht zu fest! Denn zuerst einmal muss ja die Banane in die Schale kommen, und dafür

muss der Brei noch ein bisschen flüssig sein. Er wird aus langen dünnen Rohren in die Bananenschale gespritzt. Und wenn die Banane voll ist, dann wird sie zugeklebt. Wenn ihr euch eine Banane einmal ganz genau anschaut, dann seht ihr gegenüber vom Stiel, am anderen Ende also, einen dicken, schwarzen Punkt. Das kommt vom Klebstoff. Zum Schluss kommt noch ein bisschen gelbe Farbe drauf - und fertig ist die Banane. Das könnt ihr sogar selbst machen, ihr braucht nur etwas Bananenbrei und eine Bananenschale. Habt ihr schon einmal eine Banane gebastelt?"

Die Kinder schüttelten mit dem Kopf.

„Jetzt wisst ihr ja, wie es geht", sagte Onkel Theo. „Aber das Wichtigste hätte ich fast vergessen. Denn bevor der Bananenbrei ganz getrocknet ist, müsst ihr die Banane krumm biegen. Das ist nicht schwer. Man nimmt die Banane einfach in beide Hände, legt sie übers Knie und biegt mit aller Kraft. Dabei muss man schreien wie ein richtiger Affe! Das dauert fünf Minuten, und dann ist die Banane krumm."

„So ein Quatsch!", riefen die Kinder. Da tat Onkel Theo ein bisschen beleidigt und als ob er gar nichts mehr erzählen wollte. Aber dann überlegte er es sich doch anders. „Also gut", sagte er und kratzte sich am Kopf. „Vielleicht ein anderes Mal. Aber für heute ist Schluss."

Onkel Theo erzählt vom Pferd

„So, ihr Kinder", sagte Onkel Theo. „Heute werdet ihr mal wieder was lernen." Die Kinder setzten sich auf Onkel Theos grünes Sofa und spitzten die Ohren. „Also", sagte Onkel Theo. „Das Pferd." Und er kratzte sich am Kopf.

„Ein Pferd habt ihr wohl alle schon mal gesehen. Man glaubt schon, das sei gar nichts Besonderes, weil es soviele davon gibt. Dabei ist das Pferd ein äußerst merkwürdiges Tier. Das größte Pferd der Welt lebt in Kanada. Hinten hat es einen riesigen Schwanz. Beim Pferd nennt man das einen Schweif. Dieses Pferd ist nun aber so groß, dass es, wenn es nach hinten guckt, seinen eigenen Schweif nicht sehen kann. Daher wusste dieses Pferd auch nicht, ob es mit dem Schweif wedeln konnte. Woher sollte es das auch wissen? Es dachte sich zwar: Jetzt wedele ich mal ein bisschen mit meinem Schweif. Aber sehen konnte es das nicht, und vielleicht hatte der Schweif keine Lust zu wedeln und machte stattdessen etwas ganz anderes.

Darum ging das größte Pferd der Welt eines Tages in eine Telefonzelle und rief die Auskunft an, um zu fragen, wo sich gerade sein Schwanz befand. Der baumelte zufällig in Alaska herum, und da bat das Pferd einen Freund in Alaska Bescheid zu sagen, falls es hinten wedelte. Das Pferd stand also mit dem Kopf in einer Telefonzelle in Kanada, und der Schweif wedelte in Alaska, und der Freund rief ganz

erfreut ins Telefon: Ja, es wackelt! Seitdem wusste das größte Pferd der Welt, dass es mit dem Schwanz wedeln konnte.

Die meisten Pferde sind natürlich nicht so groß. Aber auch sie sind sehr interessante Tiere. Wusstet ihr, dass Pferde, wenn sie sich unbeobachtet glauben, Purzelbäume schlagen? Es gibt da richtige Wettbewerbe, und der Weltrekord im Pferdepurzelbaum liegt bei hundertzweiunddreißig Purzelbäumen am Stück.

Ansonsten sind Pferde sehr ruhige Tiere und äußerst gut erzogen. Zum Beispiel reden sie nicht mit vollem Mund, sie kritzeln nicht auf

Schulbänke und sie bohren nie in der Nase, weil ihre Hufe zu groß sind für die Nasenlöcher. Pferde sind auch sehr gut im Kopfrechnen. Sie können alle Zahlen bis zu einer Million auswendig und sie rechnen schneller als ein Computer - nur dummerweise können sie nicht sprechen und verraten niemandem die Ergebnisse. Deshalb kann euch leider kein Pferd bei den Schulaufgaben helfen.

Das kleinste Pferd der Welt wurde übrigens vor zwölf Jahren in China entdeckt. Es war so klein, dass man es nur mit einer Lupe sehen konnte. Einige Zeit arbeitete es in einem Flohzirkus und zog einen winzigen Pferdewagen, in dem acht Flöhe saßen. Später hat es ein Millionär gekauft und in einer Streichholzschachtel nach Japan transportiert. Und wisst ihr, wo das kleinste Pferd der Welt heute ist?"

Die Kinder schüttelten mit dem Kopf.

„Könnt ihr auch nicht wissen", sagte Onkel Theo. „Das weiß nämlich niemand. Denn leider ist das Pferd bei dem japanischen Millionär in eine Sofaritze gefallen - und seitdem wurde es nie wieder gesehen."

„So ein Quatsch!", riefen die Kinder. „Ihr glaubt mir nicht?", fragte Onkel Theo. „Dann erzähle ich euch nie wieder was."

Da sagten die Kinder: „Bitte!", und Onkel Theo kratzte sich am Kopf und sagte: „Also gut. Vielleicht ein anderes Mal. Aber für heute ist Schluss."

Onkel Theo erzählt vom Putzlappen

„So, ihr Kinder", sagte Onkel Theo. „Heute werdet ihr mal wieder was lernen." Die Kinder setzten sich auf Onkel Theos grünes Sofa und spitzten die Ohren. „Also", sagte Onkel Theo. „Der Putzlappen." Und er kratzte sich am Kopf.

„Man glaubt gar nicht, wie viele verschiedene Putzlappen es gibt. Selbst die klügsten Gelehrten und Wissenschaftler der Welt wissen mindestens zwei Dinge nicht. Sie wissen erstens nicht, wie viele Sterne es gibt. Und sie wissen zweitens nicht, wie viele verschiedene Putzlappen es gibt.

Es gibt grobe Staublappen für groben Staub, feine Staubtücher für feinen Staub, Stofflappen, Lederlappen für Autos und Lederlappen für Fenster und Speziallappen zur Reinigung von Lederlappen. In Amerika gibt es sogar einen Putzlappen mit einem Loch darin. Der ist für Kaugummis, die die Kinder unter die Schulbänke geklebt haben. Man schiebt den Lappen einfach unter der Tischplatte entlang, die Kaugummis fallen durch das Loch, und man braucht sie nur noch aufzusammeln.

Ein sehr praktischer Putzlappen ist der Putzlappen für Krabbelkinder. Der wird den kleinen Krabbelkindern an die Beine gebunden, und wenn die Kinder über den Boden gekrabbelt sind, ist gleich alles geputzt.

Ein besonders wertvoller und schöner Putzlappen hat übrigens früher dem Kaiser von China gehört. Er war aus feinster Seide und leuchtete in den hellsten Farben, er war bestickt mit bunten Mustern und Blumen, und niemand durfte damit putzen, damit der Lappen nicht dreckig wurde.

Aber am seltsamsten scheint mir der größte Putzlappen der Welt. Er ist fast fünfzig Meter breit und beinahe hundert Meter lang. Als ich

ihn gesehen habe, habe ich natürlich gleich gefragt, wozu man wohl einen so großen Lappen braucht. Die Antwort ist ganz einfach. Damit putzt man Fußballplätze. Wenn der Rasen staubig geworden ist, legt man kurz den Lappen darüber, und schon ist alles wieder sauber."
So erzählte Onkel Theo. Dann stand er auf, holte aus der Besenkammer einen grauen Lappen hervor, und er zeigte ihn den Kindern. Der Lappen sah aus wie ein ganz gewöhnlicher Putzlappen.
„Wisst ihr, was das ist?", fragte Onkel Theo.
Die Kinder schüttelten den Kopf.
„Vielleicht glaubt ihr, das sei ein ganz gewöhnlicher Putzlappen. Aber weit gefehlt! Dieser Putzlappen gehörte einst dem alten Käptn Ahab, der ein Holzbein hatte. Wie ihr bestimmt wisst, muss auf Schiffen jeden Tag geputzt werden. Und Käptn Ahab war nicht nur ein berüchtigter Kapitän und Walfischfänger, sondern auch der berühmteste Putzteufel der christlichen Seefahrt. Diesen Putzlappen hat sich Käptn Ahab einfach unten am Holzbein festgemacht, und dann schrubberte er los, dass es eine Freude war! Mit seinem Holzbeinschrubber war er schneller, als alle anderen Matrosen zusammen. Und wenn ihr Lust habt, dann dürft ihr ab und zu in meiner Wohnung ein bisschen mit Käptn Ahabs Putzlappen putzen." „So ein Quatsch!", riefen die Kinder. Onkel Theo kratzte sich am Kopf. „Dann erzähle ich euch eben nichts mehr", sagte er.
„Doch!", baten die Kinder. Onkel Theo überlegte. „Also gut", sagte er. „Vielleicht ein anderes Mal. Aber für heute ist Schluss."

Onkel Theo erzählt vom Känguru

„So, ihr Kinder", sagte Onkel Theo. „Heute werdet ihr mal wieder was lernen." Die Kinder setzten sich auf Onkel Theos grünes Sofa und spitzten die Ohren. „Also", sagte Onkel Theo. „Das Känguru." Und er kratzte sich am Kopf.

„Das Känguru lebt weit weg von hier in Australien. Es hat zwei Beine, auf denen es hüpft und zwei weitere, auf denen es sich vorne abstützt, damit es nicht umfällt. Vor allem aber hat das Känguru vorne am Bauch einen Beutel. In diesem Beutel trägt die Känguru-Mama ihr Känguru-Kind - aber das wisst ihr bestimmt schon längst.

Aber davon will ich heute gar nicht erzählen, sondern von etwas ganz Besonderem: dem berühmten Riesenkänguru. Es war drei Mal so groß wie normale Kängurus. Es hatte Beine, die waren so hoch, als ginge es auf Stelzen. Die Augen waren so groß wie Suppenteller. Nur die Ohren waren winzig - etwa so klein wie Stecknadelköpfe, und darum hörte das Riesenkänguru sehr schlecht.

Natürlich hatte das Riesenkänguru auch einen viel größeren Beutel als alle anderen Kängurus. Der Beutel war so groß, dass alles Mögliche in ihm Platz fand. Wenn das Riesenkänguru beim Hüpfen durch die Wüste einen interessanten Stein fand, dann steckte es ihn einfach in

seinen Beutel. Oder wenn es durch einen Wald spazierte, und es bemerkte eine besonders schöne Tanne - schwupp, verschwand auch die in seinem Beutel.

In der ersten Zeit sammelte das Riesenkänguru nur Kleinigkeiten wie Steine und Bäume. Aber die Sache machte ihm so großen Spaß, dass es immer mehr Dinge verschwinden ließ. Zum Beispiel kam es an einem Dorf vorbei, und die Häuser gefielen ihm so gut, dass es das ganze Dorf mitsamt Kirche und Bürgermeister in seinem Beutel verstaute.

Die Dorfbewohner waren nicht gerade froh darüber, sie hatten ja nun keine Häuser, keine Kirche und keinen Bürgermeister mehr. Sie protestierten und schimpften, aber das nützte gar nichts, denn wie gesagt, das Riesenkänguru hörte sehr schlecht. Da riefen die Dorfbewohner die Polizei und die Feuerwehr. Sofort kamen siebzehn Polizeiwagen und zwölf große Feuerwehrwagen. Aber was machte das Riesenkänguru? Es steckte sie allesamt in seinen Beutel.

Und es wurde immer schlimmer. In den nächsten Wochen verschwanden acht Dörfer und zwei große Städte in dem riesigen Beutel des Riesenkängurus.

Doch eines Tages war der Spuk vorbei. Könnt ihr euch denken, warum?"

Die Kinder schüttelten den Kopf.

„Nun, das kam so: Das Riesenkänguru wollte sich einmal die schönen Sachen ansehen, die es in seinem Beutel gesammelt hatte, und dazu musste es selbst hinein steigen. Das tat das Riesenkänguru - und schwupp, war es in seinem eigenen Beutel verschwunden. Seitdem wurde es nie wieder gesehen."

„So ein Quatsch!", riefen die Kinder. „Was?", fragte Onkel Theo. „Quatsch nennt ihr das? Ich erzähle euch nie wieder was!" Aber weil die Kinder sehr darum baten, sagte Onkel Theo: „Also gut. Vielleicht ein anderes Mal. Aber für heute ist Schluss."

Onkel Theo erzählt vom Nilpferd

„So, ihr Kinder", sagte Onkel Theo. „Heute werdet ihr mal wieder was lernen." Die Kinder setzten sich auf Onkel Theos grünes Sofa und spitzten die Ohren. „Also", sagte Onkel Theo. „Das Nilpferd." Und er kratzte sich am Kopf.

„Das Nilpferd ist ein rundes, dickes Pferd. Es ist furchtbar dick. Das liegt daran, dass das Nilpferd so viel isst. Das heißt, eigentlich frisst es. So muss man nämlich sagen bei einem Tier, und bei einem Nilpferd stimmt es auch. Zum Frühstück frisst das Nilpferd ungefähr siebenunddreißig Stücke Schokoladenkuchen. Dazu trinkt es eine halbe Tasse Kaffee. Zu viel Kaffee möchte es nicht trinken, denn Kaffee ist nicht sehr gesund.

Das Nilpferd hat viele Beine. Es hat vorne zwei und hinten zwei, es hat links zwei Beine und rechts sind auch zwei. Das macht zusammen acht. Das Nilpferd hat auch einen großen Mund. Diesen Mund nennt man Maul. Das Maul ist so groß und hat so viele Zähne, dass sich das Nilpferd nach dem Frühstück eine halbe Stunde lang die Zähne putzt. Zwischendurch frisst es noch ein bisschen Schokoladenkuchen, und wenn es dann mit dem Putzen beim hintersten Zahn angelangt ist, dann ist der vorderste wieder dreckig. Und die ganze Putzerei geht von vorne los. Übrigens braucht das Nilpferd an einem Morgen mindestens drei Zahnbürsten, denn sein Maul ist so groß, dass das

Nilpferd häufig eine Zahnbürste im Maul verliert und nicht wieder findet.
Das Nilpferd heißt Nilpferd, weil es im Nil wohnt. Der Nil ist ein Fluss. Wenn das Nilpferd in den Fluss hineinsteigt, dann platscht das Wasser über die Ufer, und alle Leute, die am Nil stehen, bekommen nasse Füße. Deshalb muss man Gummistiefel tragen, wenn man am Nil entlang geht.
Im Fluss legt sich das Nilpferd am liebsten auf den Rücken. Dann schläft es meistens ein. Wenn es wieder aufwacht, dann frisst es eine Kleinigkeit zu Mittag. Es frisst gut und gerne hundertfünfzig Kartoffeln und dazu zwei bis drei Erbsen. Manchmal frisst es auch einen Fußball, aber davon bekommt es Bauchweh.
Wenn ein Nilpferd Bauchweh hat, dann ist es schlimm. Es schreit so laut, dass alle Wände wackeln, und an einem ruhigen Tag kann man den Schrei bis hier bei uns hören. Habt ihr schon mal ein Nilpferd mit Bauchweh schreien gehört?"
Die Kinder schüttelten den Kopf.
„Dann passt gut auf!", sagte Onkel Theo. „Wenn ihr immer ganz ganz leise seid, dann könnt ihr es vielleicht hören. Und wenn ihr ein Nilpferd mit Bauchweh schreien hört, dann schaut schnell nach, ob euch nicht ein Fußball fehlt. Bestimmt hat ihn das Nilpferd gefressen."
„So ein Quatsch!", riefen die Kinder. Onkel Theo kratzte sich am Kopf. „Dann erzähle ich euch eben nichts mehr", sagte er beleidigt. „Doch!", baten die Kinder. Onkel Theo überlegte. „Also gut", sagte er. „Vielleicht ein anderes Mal. Aber für heute ist Schluss."

Onkel Theo erzählt von der Spaghetti

„So, ihr Kinder", sagte Onkel Theo. „Heute werdet ihr mal wieder was lernen." Die Kinder setzten sich auf Onkel Theos grünes Sofa und spitzten die Ohren. „Also", sagte Onkel Theo. „Die Spaghetti." Und er kratzte sich am Kopf.
„Die Spaghetti ist ein sonderbares Gemüse. Man ist sich ja nicht einmal sicher, ob die Spaghetti ein Gemüse ist. Aber Fleisch oder Salat ist es offensichtlich nicht, also wird es wohl ein Gemüse sein. Bei der Spaghetti handelt es sich um einen langen, fadenförmigen Gegenstand. Man kann mit diesem Gegenstand einiges machen. Zum Beispiel kann man ihn essen. Dazu wickelt man die Spaghetti um eine Gabel herum, ungefähr so, wie man einen Gartenschlauch aufrollt. Dann schiebt man sie mit einer vorsichtigen Gabelbewegung in den Mund. Das ist nicht ganz einfach, denn die Spaghetti ist ziemlich lang. Die längste Spaghetti der Welt gab es übrigens bei einer Schulspeisung in Sömmerlund (Schweden). Sie war so lang, dass acht Schulklassen drei Tage an ihr gegessen haben, und alle Kinder sind satt geworden. Nur für eine Lehrerin war leider am Schluss nichts mehr übrig.
Aber mit der Spaghetti kann man noch viel mehr anstellen, als sie bloß aufzuessen. Genau genommen ist sie sogar zum Essen viel zu schade.
Wenn es bei euch das nächste Mal Spaghetti gibt, dann hebt euch einfach ein paar auf und versteckt sie in eurer Hemdtasche. Das macht ihr so oft, bis ihr genug zusammen habt, und dann könnt ihr herrliche Dinge basteln.
Man kann aus den langen Fäden einen Spaghetti-Pullover stricken. Oder man kann die Spaghetti zum Weihnachtsfest an den Christbaum hängen, das gibt das herrlichste Lametta. Man kann auch mehrere Spaghetti aneinander knoten und am Ende zu einer Schlinge binden. Dann hat man ein richtiges Lasso, so wie die Indianer es benutzen um Büffel zu jagen. Damit kann man, wenn man Indianer spielt, Kühe fangen oder feindliche Indianer fesseln.

Die richtigen Indianer machen ihre Lassos aus weichen, gekochten Spaghetti, und aus den harten, ungekochten Spaghetti machen sie Pfeil und Bogen. Ein richtiger Indianer würde laut lachen, wenn er wüsste, dass manche Leute Spaghetti einfach aufessen.
Aber wisst ihr überhaupt, wo die Spaghetti herkommen?"
Die Kinder schüttelten den Kopf.
„Ihr wisst ja überhaupt nichts", sagte Onkel Theo und verzog entsetzt das Gesicht. „Ein Glück, dass ihr bei mir ein bisschen lernt. Die Spaghetti kommen natürlich aus Italien. Da wachsen sie an den Spaghettibäumen, und im Herbst, wenn sie geerntet werden, dann hängen sie in langen Fäden herunter. Wenn man Spaghetti ernten will, dann geht man einfach mit einer Schere unter den Baum und schneidet die Fäden ab. Das ist so ähnlich wie Haare schneiden, und darum werden Spaghetti nicht von Bauern geerntet, sondern von Frisören. Frisöre sind nämlich die besten Spaghetti-Schneider, die es gibt."
„So ein Quatsch!", riefen die Kinder, und sie lachten Onkel Theo aus. Onkel Theo kratzte sich am Kopf. „Dann erzähle ich euch eben nichts mehr", sagte er. „Doch!", baten die Kinder. Onkel Theo überlegte. „Also gut", sagte er. „Vielleicht ein anderes Mal. Aber für heute ist Schluss."

Onkel Theo erzählt vom Esel

"So, ihr Kinder", sagte Onkel Theo. "Heute werdet ihr mal wieder was lernen." Die Kinder setzten sich auf Onkel Theos grünes Sofa und spitzten die Ohren. "Also", sagte Onkel Theo. "Der Esel." Und er kratzte sich am Kopf.

"Der Esel sieht ungefähr aus wie ein Pferd. Aber er hat zwei große, lange Eselsohren, damit man ihm vom Pferd unterscheiden kann. Der Esel heißt Esel, weil er so dumm ist wie ein Esel.

Esel sind wirklich sehr dumm. Sie können weder schreiben noch lesen noch rechnen. Nun, das ist vielleicht nicht verwunderlich. Aber Esel sind sogar so dumm, dass sie nicht einmal wissen, dass sie Esel sind. Einige Esel, das sind die Klügeren, halten sich für Pferde. Sie glauben, dass sie bloß deswegen so lange Ohren haben, damit sie besser hören können. Das ist natürlich Unsinn. Selbst ein schwerhöriges Pferd hört immer noch besser als ein Esel. Andere Esel sind noch dümmer. Sie glauben nämlich, dass sie Zebras ohne Zebrastreifen sind. Sie denken, dass der Regen die Farbe von den Zebrastreifen abgewaschen hat. Das ist auch Unsinn.

All das ist schon ganz schön dumm, aber es geht noch dümmer. Der dümmste Esel der Welt lebt auf einer großen Wiese in den Alpen. Er ist schrecklich dumm. Natürlich weiß auch er nicht, dass er ein Esel ist. Aber was denkt dieser Esel, was er ist? Er denkt nicht etwa, er sei ein Pferd mit langen Ohren. Oder ein Zebra ohne Streifen. Nein, man glaubt es kaum, er ist dermaßen mit Dummheit geschlagen - er hält sich für eine Maus!Der dümmste Esel der Welt, der glaubt, er sei eine Maus, hat natürlich große Angst vor Mausefallen. Da wenigstens hat er Glück, weil es auf seiner Wiese in den Alpen keine Mausefallen gibt. Aber auch vor Katzen hat er Angst. Das ist schon schlechter, denn ab und zu kommt die Katze des Bauern auf die Wiese. Dann brüllt der Esel jämmerlich, und er will im nächsten Mauseloch verschwinden. Natürlich ist ein Mauseloch für einen Esel viel zu klein.

Darum stößt sich der dümmste Esel der Welt kräftig am Kopf. Da brüllt er noch lauter, und vor Schreck läuft die Katze davon.
Wenn er sich den Kopf gestoßen hat, bekommt der dümmste Esel der Welt gewöhnlich Hunger. Er könnte Gras fressen. Gras gibt es auf der Wiese genug. Aber weil er glaubt, dass er eine Maus ist, frisst er am liebsten Käse, und Gras mag er überhaupt nicht. Das ist dumm, denn auf einer Wiese gibt es nur Gras und keinen Käse. Und wisst ihr, warum der dümmste Esel der Welt nicht verhungert auf seiner Wiese?"
Die Kinder schüttelten den Kopf.
„Das ist ganz einfach", sagte Onkel Theo. „Zum Glück ist dieser dumme Esel so dumm, dass er das Gras auf der Wiese für Käse hält. Den

ganzen Tag frisst er Gras, und er glaubt es sei Käse. So dumm ist der dümmste Esel der Welt!"
„So ein Quatsch!", riefen die Kinder, und sie lachten Onkel Theo aus. Der kratzte sich am Kopf. „Dann erzähle ich euch eben nichts mehr", tat er beleidigt. „Doch!", baten die Kinder. Onkel Theo überlegte. „Also gut", sagte er. „Vielleicht ein anderes Mal. Aber für heute ist Schluss."

Onkel Theo erzählt vom Huhn

„So, ihr Kinder", sagte Onkel Theo. „Heute werdet ihr mal wieder was lernen." Die Kinder setzten sich auf Onkel Theos grünes Sofa und spitzten die Ohren. „Also", sagte Onkel Theo. „Das Huhn." Und er kratzte sich am Kopf.
„Natürlich habt ihr schon alle einmal ein Huhn gesehen. Man möchte gar nicht glauben, dass das Huhn ein ganz besonderes Tier ist. Zum Beispiel legt das Huhn Eier. Wer kann das schon? Das Huhn ist selbst am meisten erstaunt darüber, dass es Eier legen kann. Und immer, wenn es ein neues Ei gelegt hat, stößt es vor Überraschung einen lauten Schrei aus.Den Mann des Huhns nennt man ‚Hahn'. Der Hahn schreit noch lauter als die Hühner, denn er glaubt, dass auch er Eier legen kann, wenn er nur tüchtig kräht. Schon am frühen Morgen fängt er an, und alle Leute werden wach von seinem ‚Kikeriki' - aber es nützt rein gar nichts, Eier legt er keine. Deshalb arbeiten viele Hähne als Wetterhähne auf den Kirchtürmen. Sie drehen sich mit dem Wind, und sie zeigen an, aus welcher Richtung der Wind kommt. Es gibt nur Wetterhähne, Wetterhühner gibt es nicht. Das ist auch ganz klar. Wenn nämlich ein Wetterhuhn auf einem hohen Kirchturm ein Ei legen würde, dann fiele das Ei herunter und ginge zu Bruch. Das wäre schade um das schöne Ei.Hühner gibt es übrigens in der ganzen Welt. In Afrika, in der heißen Wüste Sahara, da leben die Wüstenhühner, die haben fast keine Federn, weil es ihnen sonst zu heiß wäre. In der

Wüste
ist es so
heiß, dass
die Hühner dort
nur hartgekochte
Eier legen. Bestimmt
habt ihr schon einmal ein
hartgekochtes Ei gegessen -
das stammt von einem
Wüstenhuhn aus der Sahara.
Das merkwürdigste Huhn, das es gibt,
lebt jedoch auf den Berghängen der Eifel.
Man nennt es das ‚Hanghuhn'. Insgesamt
sieht es aus, wie ein ganz normales Huhn. Nur
ist das linke Bein viel kürzer als das rechte, damit
es auf den schrägen Hängen gerade gehen kann. Das
kurze linke Bein steht oben am Hang, und das lange
rechte Bein steht weiter unten, und so hält sich das
Hanghuhn völlig gerade auf den Beinen, und es kann viel
schneller die Hänge entlang laufen, als wenn es zwei gleich lange
Beine hätte. Weil das Hanghuhn so schnell laufen kann, ist es auch
sehr schwierig, es einzufangen. Wisst ihr, was man machen muss, um
ein Hanghuhn zu fangen?"
Die Kinder schüttelten den Kopf.
„Nun", sagte Onkel Theo. „Wenn man es weiß, ist es gar nicht so schwer. Man stellt sich einfach hinter das Hanghuhn. Man klatscht laut in die Hände und ruft: ‚Heh, Hanghuhn!' Dann dreht sich das Hanghuhn um. Jetzt ist das lange rechte Bein oben am Hang, das kurze linke Bein ist unten, und das Hanghuhn steht so schief, dass es auf die Nase fällt. So fängt man ein Hanghuhn."

Die Kinder lachten. „So ein Quatsch!", riefen sie. Onkel Theo kratzte sich am Kopf. „Dann erzähle ich euch eben nichts mehr", sagte er beleidigt. „Doch!", baten die Kinder. Onkel Theo überlegte. „Also gut", sagte er. „Vielleicht ein anderes Mal. Aber für heute ist Schluss."

Onkel Theo erzählt vom Bleistift

„So, ihr Kinder", sagte Onkel Theo. „Heute werdet ihr mal wieder was lernen." Die Kinder setzten sich auf Onkel Theos grünes Sofa und spitzten die Ohren. „Also", sagte Onkel Theo. „Der Bleistift." Und er kratzte sich am Kopf.
„Der Bleistift ist ein Gegenstand, mit dem man zeichnen und schreiben kann. Außen besteht er aus Holz, und innen drin ist eine dünne, lange Stange. Diese Stange nennt man die Mine. Sie muss immer schön spitz sein, damit der Bleistift gut schreibt.
In Amerika ist Bleistiftspitzen darum sogar ein Fach, das man in der Schule lernt. Die Kinder müssen jeden Tag eine Schulstunde lang Bleistifte spitzen, und jedes Kind spitzt in dieser Stunde zehn bis zwölf Stifte weg, bis nichts mehr davon übrig ist.
Bleistifte kennt die Menschheit schon seit sehr langer Zeit. Auch die alten Ritter hatten Bleistifte. Allerdings waren die Ritter etwas kleiner als die heutigen Menschen, und die Bleistifte waren damals etwas größer, als die, die wir heute haben. Und so benutzten die Ritter die Bleistifte als Lanzen und Schwerter. Es gab grausame Kämpfe zwischen den Bleistiftrittern und ihren ärgsten Feinden, den Kugelschreiberpiraten. Weil aber die Bleistiftritter ihre Bleistifte immer wieder anspitzten, wurden die Bleistifte immer kleiner - und eines Tages waren sie ganz verschwunden. Da vertrugen sich die Bleistiftritter und die Kugelschreiberpiraten wieder. Und seitdem werden Bleistifte und Kugelschreiber nur noch zum Schreiben verwendet, zum Glück."
Nachdem Onkel Theo dies erzählt hatte, nahm er einen Bleistift aus der Tasche und zeigte ihn den Kindern. „So sieht ein Bleistift aus", sagte er. Die Kinder lachten nur. Natürlich wussten sie, wie ein Bleistift aussieht!

„Aber wisst ihr auch, wie ein Bleistift gemacht wird?", fragte Onkel Theo.
Die Kinder schüttelten den Kopf.
„Nun", sagte Onkel Theo. „Das werde ich euch jetzt erklären. Sicher habt ihr euch schon oft gefragt, wie die Mine in das Holz hineinkommt. Wenn man es einmal weiß, ist es gar nicht so schwierig. Ihr braucht bloß eine Bleistiftmine und eine Kastanie. Die Mine steckt ihr in die Kastanie hinein, und anschließend vergrabt ihr beides im Erdboden. Dann müsst ihr die Stelle jeden Tag ein bisschen mit Wasser begießen, und schon bald sprießen die ersten Blätter hervor. Nach zwei Jahren habt ihr einen kleinen Kastanienbaum. Und mitten im Baumstamm ist die Bleistiftmine. Ihr zupft die Blätter ab und schält die Rinde herunter - und schon habt ihr einen wunderschönen Bleistift!"
„So ein Quatsch!", riefen die Kinder. Onkel Theo kratzte sich am Kopf. „Dann erzähle ich euch eben nichts mehr", sagte er, aber er lächelte dabei. „Doch!", baten die Kinder. Onkel Theo tat so, als ob er überlegte. „Also gut", sagte er. „Vielleicht ein anderes Mal. Aber für heute ist Schluss."

Onkel Theo erzählt vom Hering

„So, ihr Kinder", sagte Onkel Theo. „Heute werdet ihr mal wieder was lernen." Die Kinder setzten sich auf Onkel Theos grünes Sofa und spitzten die Ohren. „Also", sagte Onkel Theo. „Der Hering." Und er kratzte sich am Kopf.
„Der Hering ist ein Tier, an dem sich auch manche Menschen ein Beispiel nehmen können, denn er ist sehr sauber. Der Hering badet äußerst gerne. Dann liegt er von morgens bis abends im Wasser herum, und manchmal badet er mehrere Tage lang ohne Unterbrechung. Man könnte glauben, dass ihm das mit der Zeit langweilig wird, oder dass er allmählich aufweicht. Aber der Hering langweilt sich nicht im Wasser, und er weicht auch nicht auf. Dem Hering macht das viele Wasser gar nichts aus. Der Hering ist nämlich ein Fisch.
Der Hering ist der klügste Fisch, den es gibt. Heringe brauchen nie in die Schule zu gehen, weil sie sowieso schon alles wissen. Das kommt

daher, dass Heringe sehr viel lesen. Denn Lesen macht bekanntlich klug. Wenn zum Beispiel eine alte Zeitung ins Meer fällt, dann stürzen sich gleich zwölf Heringe darauf, und sie lesen sich gegenseitig aus der Zeitung vor. Wenn die Heringe fertig gelesen haben, dann sind sie ein bisschen traurig. ‚Schade', sagen die Heringe und wackeln mit den Schwänzen. ‚Schade, dass so wenig von Heringen in der Zeitung steht.'
Leider haben sie recht. Es steht wirklich wenig über Heringe in der Zeitung. Darum lesen die Heringe lieber Bücher, aber Bücher fallen selten ins Meer.
Übrigens gibt es so viele Heringe, und sie wackeln so stark mit ihren Schwänzen, dass das ganze Meer wackelt. Sogar die größten Schiffe beginnen zu wackeln. Das nennt man ‚Wellen'. Solche Wellen gibt es nur im Meer. In einem Bach oder in einem See gibt es keine Wellen, weil da keine Heringe sind, die mit den Schwänzen wackeln. Und ihr wisst jetzt, wie die Wellen entstehen. Von Onkel Theo könnt ihr eben immer etwas lernen.
Wenn die Heringe gerade mal nichts zu lesen haben und nicht mit den Schwänzen wackeln, dann springen sie aus dem Wasser heraus und fliegen ein bisschen in der Luft herum. Heringe können nämlich hervorragend fliegen - besser als die meisten Vögel. Und manchmal fliegt sogar in unserer Gegend der eine oder andere Hering herum. Habt ihr schon einmal einen fliegenden Hering gesehen?"
Die Kinder schüttelten den Kopf.
„Seht dort draußen", sagte Onkel Theo und zeigte aus dem Fenster. Auf dem Fensterbrett war ein Tier zu sehen. Es sah eigentlich eher aus wie ein Vogel, vielleicht wie eine Amsel, und ehe die Kinder sich versahen, war es weggeflogen.

„Habt ihr gesehen!", rief Onkel Theo. „Das war ein fliegender Hering!"
„So ein Quatsch!", riefen die Kinder. „Hm", sagte Onkel Theo. „Euch erzähle ich nichts mehr." „Doch!", riefen die Kinder. Onkel Theo überlegte. „Also gut", sagte er. „Vielleicht ein anderes Mal. Aber für heute ist Schluss."

Onkel Theo erzählt vom Elefanten

„So, ihr Kinder", sagte Onkel Theo. „Heute werdet ihr mal wieder was lernen." Die Kinder setzten sich auf Onkel Theos grünes Sofa und spitzten die Ohren. „Also", sagte Onkel Theo. „Der Elefant." Und er kratzte sich am Kopf.
„Der Elefant ist ein sehr großes Tier. Elefanten sind so groß, dass sie nicht verstecken spielen können, denn so große Verstecke gibt es kaum. Ein Elefant ist schon von Weitem zu sehen.
Ich erkläre euch aber erst einmal, wie man einen Elefanten erkennt. Wenn ihr in den Zoo geht, und ihr seht etwas, das ist groß und grün, dann ist es kein Elefant. Es ist vielleicht ein Hügel oder ein kleiner Berg, aber ein Elefant ist es nicht. Denn Elefanten sind grau. Wenn ihr etwas seht, das groß und grau ist, aber es hat keinen Rüssel, dann ist es auch kein Elefant. Es ist vielleicht ein Fels, aber ein Elefant ist es nicht, denn Elefanten haben einen Rüssel. Das kann man sich ganz leicht merken: Elefanten sind groß und grau und haben einen Rüssel.
Jetzt wisst ihr also, wie man einen Elefanten erkennt. Und nun werdet ihr lernen, was man mit einem Elefanten alles machen kann.
Der Elefant ist ein besonders gutes Haustier. Gewöhnlich halten sich die Leute einen Hund oder eine Katze, ein Meerschweinchen oder einen Goldhamster. Aber die Leute sind dumm, denn Elefanten sind praktischer. Mit dem langen Rüssel kann der Elefant ein Buch von einem ganz hohen Regal herunterholen. Oder er kann Schokolade aus dem obersten Schrankfach herausnehmen. Daher ist ein Elefant für Kinder besonders nützlich, denn oft liegt die Schokolade so hoch, dass Kinder nicht herankommen.

Wer einen Elefanten im Haus hat, der braucht keine Leiter. Zum Beispiel kann ein Elefant eine kaputte Glühbirne aus einer Lampe herausdrehen und eine neue einsetzen.

Wer einen Elefanten im Haus hat, der braucht auch keine Feuerwehr. Wenn es brennt, dann steckt der Elefant einfach seinen Rüssel in einen Eimer Wasser. Dann spritzt er das Wasser wie aus einem Schlauch auf die Flammen, und sofort ist das Feuer gelöscht.

Weil der Elefant so nützlich ist, sollte eigentlich jede Familie einen Elefanten im Haus haben. Am besten wünscht ihr euch zum Geburtstag einen Elefanten. Damit sind eure Eltern doch bestimmt einverstanden?", fragte Onkel Theo.

Die Kinder schüttelten den Kopf.

„Wenn eure Eltern dagegen sind, dann müsst ihr ihnen nur sagen, dass ein Elefant noch weniger Arbeit macht als ein Hund. Man braucht bloß einmal am Tag eine halbe Stunde mit ihm spazieren zu gehen, und alle zwei Wochen muss man ihn baden. Das ist schon alles. Da haben eure Eltern bestimmt nichts gegen.

Und wenn sie dann einmal die Wände tapezieren und anstreichen wollen, dann leiht ihr ihnen euren Elefanten aus. Mit seinem Rüssel macht er die Tapeten glatt, und die Farbe spritzt er einfach an die Wand. So praktisch ist ein Elefant."

„So ein Quatsch!", riefen die Kinder. Onkel Theo kratzte sich am Kopf. „Dann erzähle ich euch eben nichts mehr", sagte er und machte ein beleidigtes Gesicht. „Doch!", baten die Kinder. Onkel Theo überlegte. „Also gut", sagte er. „Vielleicht ein anderes Mal. Aber für heute ist Schluss."

Onkel Theo erzählt vom Nashorn

„So, ihr Kinder", sagte Onkel Theo. „Heute werdet ihr mal wieder was lernen." Die Kinder setzten sich auf Onkel Theos grünes Sofa und spitzten die Ohren. „Also", sagte Onkel Theo. „Das Nashorn." Und er kratzte sich am Kopf.
„Das Nashorn heißt Nashorn, weil es auf der Nase ein großes Horn hat. Wenn es kein Horn hätte, dann würde man es vielleicht Nas nennen, ohne Horn, aber das wäre doch ein komischer Name. Also hat es lieber ein Horn und heißt Nashorn.
So ein Horn auf der Nase ist außerdem eine feine Sache. Zum Beispiel kann man sich damit wunderbar am Rücken kratzen. Das Nashorn hat einen großen Rücken, und an manche Stellen kommt es mit seinen Nashornpfoten nicht heran. Da wirft es einfach den Kopf ein wenig nach hinten oder zur Seite und kratzt sich mit dem Horn, bis es nicht mehr juckt.
Das Nashorn lebt übrigens in einer sehr warmen Gegend, und darum braucht es nicht viele Kleider. Einmal sind die Nashörner jedoch umgezogen auf einen Eisberg, in eine Gegend, wo außer ihnen nur ein paar Eisbären lebten. Dort war es für Nashörner natürlich ziemlich kalt. Sie mussten dicke Wintermäntel tragen. Abends, wenn sie ins Bett gehen wollten, wurde es schwierig. Auf dem Eisberg gab es nämlich keine Garderobe, wo die Nashörner ihre Mäntel aufhängen konnten. Ja, es gab nicht einmal einen Stuhl, auf dem man Kleider ablegen konnte. Das ärgerte die Nashörner, denn Nashörner sind sehr ordentliche Tiere. Aber was machten die Nashörner? Sie hängten die Wintermäntel einfach an die Hörner auf ihren Nasen! Da hingen die Mäntel wie an einem Kleiderhaken, sie wurden nur ein wenig im Wind ge-

schüttelt, und am nächsten Morgen sahen sie aus wie frisch gewaschen und gebügelt.

Einige Jahre später haben die Nashörner die Eisberge dann wieder verlassen. Es war ihnen doch etwas zu kalt, vor allem in der Nacht. Sie haben sich von den Eisbergen ins Wasser fallen gelassen und sind fortgeschwommen. Wenn ein Nashorn schwimmt, guckt nur das Horn aus dem Wasser heraus. Deshalb kann sich das Nashorn nicht verirren, es schwimmt einfach dem Horn hinterher. So gelangten die Nashörner schnell wieder in ihre warme Heimat.

In den Ländern, wo die Nashörner heute leben, ist es die meiste Zeit glühend heiß. Darum isst ein Nashorn für sein Leben gerne Eis. Es mag Vanilleeis, Zitrone und Erdbeer. Aber am liebsten isst es nashornfarbiges Schokoladeneis. Und wisst ihr, wie es das Nashorn macht, wenn es einen Eisbecher haben möchte?"

Die Kinder schüttelten den Kopf.

„Nun", sagte Onkel Theo. „Eigentlich ist das ganz klar. Das Horn vom Nashorn ist nämlich innen hohl. Und wenn das Nashorn ein Eis essen will, dann nimmt es einfach sein Horn von der Nase herunter, und schon hat es die herrlichste Eistüte. Da kommt das Eis rein, und wenn das Nashorn fertig gegessen hat, dann setzt es sich das Horn wieder auf die Nase."

„So ein Quatsch!", riefen die Kinder. Onkel Theo kratzte sich am Kopf. „Das muss ich mir gut überlegen, ob ich euch nochmal etwas erzähle", sagte er und tat, als wäre er beleidigt. Da machten die Kinder ein trauriges Gesicht. Onkel Theo überlegte. „Also gut", sagte er. „Vielleicht ein anderes Mal. Aber für heute ist Schluss."

Onkel Theo erzählt vom Schuh

„So, ihr Kinder", sagte Onkel Theo. „Heute werdet ihr mal wieder was lernen." Die Kinder setzten sich auf Onkel Theos grünes Sofa und spitzten die Ohren. „Also", sagte Onkel Theo. „Der Schuh." Und er kratzte sich am Kopf.

„Der Schuh ist ein Ding aus Leder, in das man die Füße hineinsteckt. Warum man das macht, weiß ich eigentlich auch nicht so genau. Vielleicht, damit es nicht so auffällt, wenn man die Füße nicht gewaschen hat. Manche Leute glauben auch, dass man in Schuhen besser laufen könne als barfuß. Aber das kann nicht sein, denn es gibt nicht nur Fußschuhe, sondern auch Handschuhe, und die meisten Menschen, die Handschuhe tragen, laufen nicht auf den Händen.

Andere Leute sagen, man brauche Fußschuhe und Handschuhe wegen der Kälte. Aber auch das kann nicht sein, denn es gibt zum Beispiel keine Ohrschuhe und keine Nasenschuhe, obwohl es mir manchmal ganz schön kalt ist an Nase und Ohren.

Also, Kinder, könnt ihr mir vielleicht sagen, wozu man Schuhe braucht?"

Die Kinder schüttelten den Kopf.

„Ich weiß es auch nicht", sagte Onkel Theo. „Dafür weiß ich aber etwas anderes: Heute erzähle ich euch nämlich, wie der Schuh erfunden wurde. Das war an einem schönen Sommermorgen mitten in der Barockzeit. Das ist schon ziemlich lange her, da gab es noch adlige Herren, die weiße Perücken trugen und von morgens bis abends vornehme Verbeugungen machten. Einer dieser adligen Herren hieß Graf Tuppes vom Tettenbusch. Er war unsterblich verliebt in ein Fräulein namens Berta vom Burgring. Deshalb wollte Graf Tuppes vom Tettenbusch dem Fräulein Berta vom Burgring einen Strauß mit wunderschönen Rosen schenken.

29

Leider war zu der Zeit die Blumenvase noch nicht erfunden, und so stellte sich Graf Tuppes eine schwierige Frage: Wohin mit den Rosen? Aber Graf Tuppes vom Tettenbusch hatte eine Idee. Er beschloss, eine Blumenvase zu erfinden. Er nahm sich ein Stück weiches Leder und nähte es zusammen zu einem Gefäß. Unten herum verwendete er hartes Leder.

Als er fertig war, füllte Graf Tuppes vom Tettenbusch Wasser hinein. Aber was geschah? Die Nähte waren nicht dicht genug, und das Wasser lief aus der Vase hinaus. Nein, als Blumenvase war das Ganze wirklich nicht zu gebrauchen.

Graf Tuppes überlegte sich, was er nun machen sollte mit seinem schönen Gefäß. Und da wurde ihm klar, dass er den Schuh erfunden hatte. Er zog ihn sich über den rechten Fuß, ging zu Fräulein Berta vom Burgring, machte sieben vornehme Verbeugungen und schenkte ihr die Rosen. Das heißt, eigentlich ging er nicht, sondern er hüpfte auf einem Bein, denn er hatte ja nur einen rechten Schuh. Einige Zeit später erfand er dann auch noch den linken Schuh, und heute sind Schuhe gar nichts Besonderes mehr."

„So ein Quatsch!", riefen die Kinder. Onkel Theo kratzte sich am Kopf. „Dann erzähle ich euch eben nichts mehr", sagte er und machte eine beleidigte Miene. „Doch!", baten die Kinder. Onkel Theo überlegte. „Also gut", sagte er. „Vielleicht ein anderes Mal. Aber für heute ist Schluss."

Onkel Theo erzählt vom Kaugummi

„So, ihr Kinder", sagte Onkel Theo. „Heute werdet ihr mal wieder was lernen." Die Kinder setzten sich auf Onkel Theos grünes Sofa und spitzten die Ohren. „Also", sagte Onkel Theo. „Der Kaugummi." Und er kratzte sich am Kopf.

„Bestimmt habt ihr alle schon einmal einen Kaugummi gesehen. Das ist ein kleines Ding, manchmal ist es eine Kugel und manchmal ist es ein Streifen, und es sieht gar nicht wie ein Gummi aus. Erst wenn man den Streifen in den Mund steckt und darauf herumkaut, dann wird ein richtiger Gummi daraus. Und dann kann man ihn wieder aus dem Mund nehmen und allerhand Unfug damit machen. Aber man kann auch nützliche Dinge damit anstellen, wie zum Beispiel Sport treiben. Sport ist nämlich gesund und darum äußerst nützlich.

In Amerika finden jedes Jahr im Sommer die großen Kaugummimeisterschaften statt. Da gibt es das Kaugummiwettkauen. Beim Kaugummiwettkauen muss jeder so viele Kaugummis in den Mund stecken, wie er

nur kann. Und wer die meisten Kaugummis gleichzeitig kaut, der hat gewonnen. Leider gewinnen dabei immer die, die das größte Mundwerk haben, das ist nicht ganz gerecht. Aber so ist es oft im Leben.

Außerdem gibt es das Kaugummiweitspucken. Wer seinen Kaugummi am weitesten spucken kann, der hat gewonnen. Und noch schöner ist das Kaugummiziehen. Bei diesem Spiel braucht man zwei Mannschaften. Es ist ganz ähnlich wie beim Seilziehen - der einzige Unterschied ist: man nimmt kein Seil, sondern einen Kaugummi, und daran ziehen beide Mannschaften so lange, bis eine Mannschaft nachgibt und umfällt. Und die Mannschaft, die nicht umgefallen ist, die hat gewonnen.

Man kann noch viel mehr machen mit einem Kaugummi. Wisst ihr, was man noch machen kann?"

Die Kinder schüttelten den Kopf.

„Das wisst ihr bestimmt", sagte Onkel Theo: „Man kann große Kaugummiblasen machen. Aber das soll man nicht. Einmal hat ein Junge einen Kaugummi gekaut, und dann pustete er, und schon hatte er eine wunderschöne Kaugummiblase vor dem Gesicht - die war größer als ein Tennisball. Der Junge pustete immer noch, und die Blase wuchs und wuchs. Sie wurde so groß wie ein Fußball. Der Junge pustete und pustete. Die Blase wurde größer als ein Luftballon. Der Junge pustete und pustete noch einmal so kräftig. Da war die Kaugummiblase so groß wie ein Fesselballon, mit dem man fliegen kann. Und schon flog die Kaugummiblase in die Luft. Sie flog gut und gerne fünfzig Meter hoch. Und der Junge hing unten dran. Da kam eine Krähe und piekste in den Fesselballon. Da platzte die Kaugummiblase. Der Junge fiel herunter. Zum Glück war die Feuerwehr gekommen und hatte ein Sprungtuch ausgebreitet, sonst hätte der Junge sich ziemlich wehgetan. Aber so ist ihm nichts passiert. Nur die Krähe hatte jetzt den ganzen Kaugummi im Gesicht. Sie ärgerte sich, und dann flog sie weiter. Jetzt wisst ihr, warum man keine Kaugummiblasen machen soll. Weil sich dann die Krähen ärgern. Und das wollt ihr doch nicht, oder?"
„So ein Quatsch!", riefen die Kinder. Onkel Theo kratzte sich am Kopf. „Dann erzähle ich euch eben nichts mehr", sagte er. „Doch!", baten die Kinder. Onkel Theo überlegte. „Also gut", sagte er. „Vielleicht ein anderes Mal. Aber für heute ist Schluss."

Onkel Theo erzählt vom Murmeltier

„So, ihr Kinder", sagte Onkel Theo. „Heute werdet ihr mal wieder was lernen." Die Kinder setzten sich auf Onkel Theos grünes Sofa und spitzten die Ohren. „Also", sagte Onkel Theo. „Das Murmeltier." Und er kratzte sich am Kopf.
„Vielleicht wisst ihr nicht, was ein Murmeltier ist. Aber bestimmt wisst ihr, was Klicker sind. Das weiß nämlich jedes Kind. Klicker sind kleine Glaskugeln,

mit denen man spielen kann. Diese Kugeln haben in jeder Gegend einen anderen Namen. Manche Kinder sagen Knicker, andere sagen Marmeln. Die Glaskugeln heißen auch Schusser, Schneller oder Bugger. Andere sagen Picker oder Bickel und wieder andere nennen sie: Murmeln.
Bestimmt habt ihr euch schon einmal gefragt, wie es kommt, dass die Klicker, die Knicker, die Marmeln, die Schusser, die Schneller, die Bugger, die Picker, die Bickel, die Murmeln so schnell über den Boden rollen. Nun, das kommt so: In jedem Klicker sitzt nämlich ein kleines Tierchen. Es ist ungefähr so groß wie eine Ameise, und weil es im Klicker wohnt, nennt man es das Klickertierchen. In manchen Gegenden sagt man auch Knickertierchen oder Marmeltierchen dazu. Die Tiere heißen auch Schussertierchen, Schnellertierchen oder Buggertierchen. Andere sagen Pickertierchen oder Bickeltierchen und wieder andere nennen dieses kleine Tierchen das Murmeltier.
Mit dem Murmeltier ist das so: Wenn man mit den Fingern an den Klicker schnippt, dann beginnt das kleine Murmeltier zu laufen. Es läuft und läuft, es läuft und läuft, es läuft immer schneller, ungefähr so wie ein Hamster in seinem Laufrad herumläuft. Und was passiert, wenn ein Hamster im Laufrad herumläuft? Richtig, es dreht sich! Genauso ist es beim Klicker. So wie sich das Laufrad dreht, so beginnt der Klicker sich zu drehen, und dann rollt er davon.
Irgendwann aber wird es dem Murmeltier zu anstrengend. Es hat keine Puste mehr, es hört auf zu laufen, und da rollt der Klicker langsamer und plötzlich bleibt er irgendwo liegen. Jetzt wisst ihr also, warum das so ist! Deshalb rollen die Klicker, die Knicker, die Marmeln, die Schusser, die Schneller, die Bugger, die Picker, die Bickel, die Murmeln.
Das Murmeltier verlässt niemals seine Murmel. Für ein Murmeltier ist das Innere der Murmel der schönste Platz der Welt. Das Murmeltier braucht keine Luft, und es hat keinen Hunger. Nur alle paar Monate muss es etwas Tomatensaft trinken, damit es klein und stark bleibt.
Jetzt könnt ihr euch auch bestimmt denken, was man machen muss, wenn eine der kleinen Kugeln nicht so richtig rollen will?"
Die Kinder schüttelten den Kopf.

„Aber das ist doch ganz leicht!", rief Onkel Theo. „Man legt die Kugel einfach für ein paar Stunden in ein Glas Tomatensaft. Dann hat sich das Murmeltier wieder den Bauch vollgetrunken, und der Klicker, der Knicker, die Marmel, der Schusser, der Schneller, der Bugger, der Picker, der Bickel, die Murmel rollt so geschwind wie der Wind!"
„So ein Quatsch!", riefen die Kinder. Onkel Theo kratzte sich am Kopf. „Dann erzähle ich euch eben nichts mehr", sagte er. „Doch!", baten die Kinder. Onkel Theo überlegte. „Also gut", sagte er. „Vielleicht ein anderes Mal. Aber für heute ist Schluss."

Onkel Theo erzählt vom Radiergummi

„So, ihr Kinder", sagte Onkel Theo. „Heute werdet ihr mal wieder was lernen." Die Kinder setzten sich auf Onkel Theos grünes Sofa und spitzten die Ohren. „Also", sagte Onkel Theo. „Der Radiergummi." Und er kratzte sich am Kopf.
„Der Radiergummi ist ein kleines, weiches Ding. Manche Radiergummis sind rund, manche sind eckig. Es gibt sie in vielen Farben. Man möchte gar nicht glauben, dass dieses kleine Gummiding ein richtiges, lebendiges Tier ist - aber so ist es! Der Radiergummi ist das hungrigste Tier der Welt.
Der Radiergummi mag fast alle Sachen, die man auf Papier gezeichnet hat. Er frisst sehr gerne Buchstaben, aber wenn man gerade eine Stadt gezeichnet hat, dann verputzt der Radiergummi in wenigen Sekunden ein ganzes Haus.
Am liebsten frisst der Radiergummi Bleistiftzeichnungen. Füller oder Kugelschreiber bekommen ihm nicht so gut, denn davon kriegt er manchmal Bauchweh.
Aber das merkwürdigste ist: Der Radiergummi wird nicht etwa dick, wenn er so viel frisst. Nein, im Gegenteil! Je mehr er frisst, desto dünner wird er. Wenn ein Radiergummi sich den Bauch so richtig vollradiert hat, dann ist er fast nicht mehr zu sehen.

Der hungrigste Radiergummi, den es jemals gab, war als er noch ganz jung war, so groß wie ein Fußball. Er fraß nicht nur Zeichnungen, sondern alles, was ihm so über den Weg lief. Am liebsten fraß er Jakubäume, aber ansonsten nahm er, was er gerade so kriegen konnte. Einmal hat der Riesenradiergummi ein ganzes Haus wegradiert, das ihm zufällig in die Quere kam, und alle Leute, die in dem Haus gewohnt hatten, mussten ins Hotel. Als er das Haus gefressen hatte, war der Radiergummi übrigens nur noch so groß wie ein Ei.
Nun ist es natürlich nicht gut, wenn ein Radiergummi Häuser frisst. Denn wo sollen die Leute dann wohnen?
Aber die Leute hatten eine Idee. Könnt ihr euch vorstellen, was sie gemacht haben?"
Die Kinder schüttelten den Kopf.
„Nun", sagte Onkel Theo. „Das ist ganz einfach. Der Riesenradiergummi fraß ja für sein Leben gerne Jakubäume. Darum setzten ihn die Leute in einen Wald mit vielen Jakubäumen. Da fraß er dann nur noch Jakubäume und keine Häuser mehr. Und wenn alle Jakubäume aufgefressen waren, dann trugen die Leute den Radiergummi in einen anderen Wald. So ging das immer weiter, und eines Tages gab es leider

keine Jakubäume mehr. Aber zum Glück hatte der Radiergummi so viel gefressen, dass er ganz verschwunden war. Da brauchten die Leute keine Angst mehr um ihre Häuser zu haben.

Seitdem gibt es nur noch gewöhnliche Radiergummis, die Buchstaben und Bilder fressen. Und auf der ganzen Welt gibt es keine Jakubäume mehr. Das ist wirklich wahr! Schaut ruhig im Lexikon nach. Es gibt hunderte verschiedene Bäume, aber Jakubäume gibt es nicht."

„So ein Quatsch!", riefen die Kinder. „Ihr glaubt mir nicht?", fragte Onkel Theo und kratzte sich am Kopf. „Dann erzähle ich euch eben nichts mehr", sagte er. „Doch!", baten die Kinder. Onkel Theo überlegte. „Also gut", sagte er. „Vielleicht ein anderes Mal. Aber für heute ist Schluss."

Onkel Theo erzählt vom Telefon

„So, ihr Kinder", sagte Onkel Theo. „Heute werdet ihr mal wieder was lernen." Die Kinder setzten sich auf Onkel Theos grünes Sofa und spitzten die Ohren. „Also", sagte Onkel Theo. „Das Telefon." Und er kratzte sich am Kopf.

„Das Telefon wurde schon in der Steinzeit erfunden. Damals war es geschnitzt aus einem Mammutknochen, und es sah einem heutigen Telefon schon sehr ähnlich, nur konnte man nicht telefonieren damit.

‚Tolles Ding', sagten die Steinzeitmenschen. Sie nannten es ‚Telefon', und jeder von ihnen trug so einen Knochen mit sich herum. Aber was macht man damit?

Später kam jemand auf die Idee, dass man in so ein Telefon hineinsprechen könnte. Da begannen alle Leute, mit ihrem Knochen zu reden. Außer dem Knochen hörte es natürlich niemand, oder nur jemand, der ganz in der Nähe war.

Noch etwas später probierte ein Erfinder ein bisschen herum, er änderte das Material, steckte ein paar Kabel hinein, und dann konnte man in ein Telefon hineinsprechen und aus einem anderen Telefon kam alles wieder heraus. So begannen die Leute, sich über Telefon miteinander zu unterhalten. Das nennt man telefonieren.

So fing das an, und seitdem wurden immer tollere Telefone erfunden. Das verrückteste Telefon, das es gibt, ist das sogenannte Superhandy. Man kann darauf kleine Geschichten schreiben. Man kann damit fotografieren, und es hat einen kleinen Bildschirm, auf dem man sich die Bilder anschauen kann. Nicht nur Bilder, sogar Filme. Und Radio hören und Computerspiele machen kann man natürlich auch.

Per Funk ist das Superhandy mit allen wichtigen Geräten verbunden. Es kann die Kaffeemaschine einschalten, den Herd oder die Waschmaschine. Wenn man mit dem Auto nach Hause kommt, öffnet es die Garage und schaltet das Licht an. Auf dem Bildschirm des Superhandys kann man erkennen, ob im Kühlschrank genug zu essen ist.

Besonders praktisch am Superhandy ist die Heizfunktion. In das Gerät ist nämlich eine kleine Heizröhre eingebaut. Im Winter kann man sich die Hände daran wärmen. Wenn man es in eine Tasse kalten Kakao tunkt, wird der Kakao in Sekunden warm, und weil das Superhandy auch ein Gebläse hat, benutzt man es nach dem Schwimmen als Föhn.

Ihr seht, mit so einem Superhandy kann man viel machen. Aber wisst ihr, was man nicht damit kann?"

Die Kinder schüttelten den Kopf.

„Nun ja", sagte Onkel Theo. „Man kann es wirklich zu fast allem gebrauchen. Nur telefonieren kann man leider damit nicht. Das haben die klugen Erfinder anscheinend vergessen."

„So ein Quatsch!", riefen die Kinder. „Was?", fragte Onkel Theo. „Quatsch nennt ihr das? Ob ich euch noch was erzähle?" Aber weil die Kinder sehr darum baten, sagte Onkel Theo: „Also gut. Vielleicht ein anderes Mal. Aber für heute ist Schluss."

Onkel Theo erzählt vom Nichts

„So, ihr Kinder", sagte Onkel Theo. „Heute werdet ihr mal wieder was lernen." Die Kinder setzten sich auf Onkel Theos grünes Sofa und spitzten die Ohren. „Also", sagte Onkel Theo. „Das Nichts." Und er kratzte sich am Kopf.
„Man sollte glauben, dass es vom Nichts nicht viel zu sagen gibt. Es ist nicht da, und damit hat es sich. Aber war es immer schon nicht da, oder ist es plötzlich verschwunden?
Früher muss es das Nichts gegeben haben, das ist mal sicher.
Vor rund zwanzig Jahren hat jedenfalls ein Mann in irgend einem dicken alten Märchenbuch den Satz gelesen: ‚Nichts ist schwerer als Blei'.
‚Ist ja toll', sagte der Mann. Er war bis dahin ungeheuer stolz gewesen auf seinen besonders schweren Briefbeschwerer aus Blei.
‚Nichts ist schwerer als Blei!', sagte der Mann enttäuscht. ‚Also ist mein besonders schwerer Briefbeschwerer aus Blei nur der zweitbeste!'
Der Mann schimpfte und schlabberte sich dabei vor Ärger Kaffee über die Hose.
Also ging er in die Stadt und kaufte Blitzi-Waschmittel. Auf dem Heimweg entdeckte er ein Schild: ‚Nichts wäscht besser als Blitzi!'
‚Ist ja nicht zu fassen', sagte der Mann. ‚Nichts wäscht besser als Blitzi! Wenn ich das vorher gewusst hätte. Jetzt habe ich mir ausgerechnet ein riesiges Paket Blitzi gekauft.'
Und wirklich ging der Fleck mit Blitzi nicht raus.

Der Mann brachte die Hose in die Reinigung. Er zeigte der Reinigungsfrau den Kaffeefleck, aber die schüttelte den Kopf und sagte: ‚Den Fleck kriegen Sie mit nichts raus.'
‚Das weiß ich selbst', sagte der Mann.
‚Ich kann nichts machen', sagte die Frau.
„Ja bitte!', rief der Mann. ‚Tun Sie das! Machen Sie Nichts! Ich brauche Nichts!'
Die Reinigungsfrau sah den Mann nur stumm an, mit großen Augen und offenem Mund. Sie hatte wohl bloß angegeben. Helfen konnte sie ihm jedenfalls nicht.
Der Mann nahm seine Hose wieder mit, und seitdem suchte er überall nach diesem wunderbaren Nichts, das schwerer ist als Blei und besser wäscht als Blitzi.
Und was glaubt ihr wohl, hat er es irgendwann entdeckt?"
Die Kinder schüttelten den Kopf.

„Natürlich hat er nichts gefunden!", sagte Onkel Theo. „Man muss nur Geduld haben. Eines Tages fand er zufällig nichts in einer Straßenbahn, wo anscheinend jemand nichts vergessen hatte. Nur leider war der Mann sehr unachtsam. Auf dem Heimweg hat er nichts verloren, und seitdem ist nichts für immer verschwunden."
„So ein Quatsch!", riefen die Kinder. „Was?", fragte Onkel Theo. „Quatsch nennt ihr das? Und euch soll ich noch was erzählen?" Aber weil die Kinder sehr darum baten, sagte Onkel Theo: „Also gut. Vielleicht ein anderes Mal. Aber heute erzähle ich – nichts!"

Onkel Theo erzählt von der Giraffe

„So, ihr Kinder", sagte Onkel Theo. „Heute werdet ihr mal wieder was lernen." Die Kinder setzten sich auf Onkel Theos grünes Sofa und spitzten die Ohren. „Also", sagte Onkel Theo. „Die Giraffe." Und er kratzte sich am Kopf. „Die Giraffe ist ein Tier, das zum größten Teil aus Hals besteht. Oben auf dem Hals sitzt ein Kopf, und irgendwo am unteren Ende hängt ein Bauch mit vier langen Beinen.
Der Hals ist so lang, dass eine Giraffe ungefähr sechs Stunden, bevor sie Hunger hat, mit dem Fressen beginnt. So lange dauert es nämlich, bis die Nahrung durch den Hals gerutscht und im Bauch angekommen ist.
Überhaupt hat es eine Giraffe nicht leicht. Sie ist etwas kurzsichtig und kann nicht gut erkennen, was sich unten, weit weg von ihren Augen, auf dem Boden befindet. Deshalb frisst sie kein Gras, sondern Blätter von hohen Bäumen. Wenn sie trinken möchte, sucht sie nach einem Wasserfall, wo das Wasser von oben kommt, denn eine Quelle oder ein Bach ist nicht leicht zu finden, wenn da unten alles so verschwommen aussieht. Wenn die Giraffe keinen Wasserfall findet, wartet sie auf Regen und sperrt dann das Maul auf.

Dort, wo die Giraffen wohnen, regnet es allerdings sehr selten. Wenn es allzu lange nicht regnet, muss die Giraffe dann doch aus einer Quelle oder einem Bach trinken. Dazu läuft sie solange in der Gegend herum, bis plötzlich ihre Füße nass werden. Dann weiß sie: Da ist ein Bach, und weil sie sich nicht gerne so tief bückt, macht sie einen Purzelbaum seitwärts und versucht beim Purzeln einen Schluck Wasser zu erhaschen.

Übrigens sind Giraffen ziemlich vergessliche Tiere. Wenn jemand sehr vergesslich ist, sagt man: ‚Der vergisst seinen Kopf'. Das liegt daran, dass Giraffen manchmal vergessen, dass sie einen Kopf haben. Was auch kein Wunder ist, wenn der Kopf irgendwo weit entfernt in der Luft schwebt.

Giraffen vergessen, wie sie heißen, wo sie wohnen, wie alt sie sind. Und weil Giraffen fressen müssen, lange bevor sie Hunger haben, vergessen sie sogar das manchmal. Da wird's dann gefährlich, denn fressen muss die Giraffe.

Aber zum Glück wissen sich die Giraffen zu helfen, sie haben einen guten Trick. Wenn sich eine Giraffe an etwas erinnern möchte, dann macht sie sich einfach einen Knoten in den Hals. Später wundert sie sich, warum sie den Knoten im Hals hat, und dann fällt ihr ein: ‚Ach richtig, die Sonne ist aufgegangen. Ich sollte jetzt eine Kleinigkeit zu Mittag essen.'

So machen das die Giraffen. Aber wisst ihr auch, warum Giraffen vorsichtig sein müssen, wenn sie einander lieb haben?"

Die Kinder schüttelten den Kopf.

„Wenn zwei Giraffen sich sehr gerne mögen, dann umarmen sie sich natürlich nicht mit den Armen, sondern mit den Hälsen. Sie umhalsen sich also. Dabei kann es passieren, dass sich die Hälse verknoten. Das kriegt man nur schwer wieder auseinander. Und deshalb müssen Giraffen aufpassen beim Umhalsen."

„So ein Quatsch!", riefen die Kinder. „Was?", fragte Onkel Theo. „Quatsch nennt ihr das? Und euch soll ich noch was erzählen?" Aber weil die Kinder sehr darum baten, sagte Onkel Theo: „Also gut. Vielleicht ein anderes Mal. Aber für heute ist Schluss."

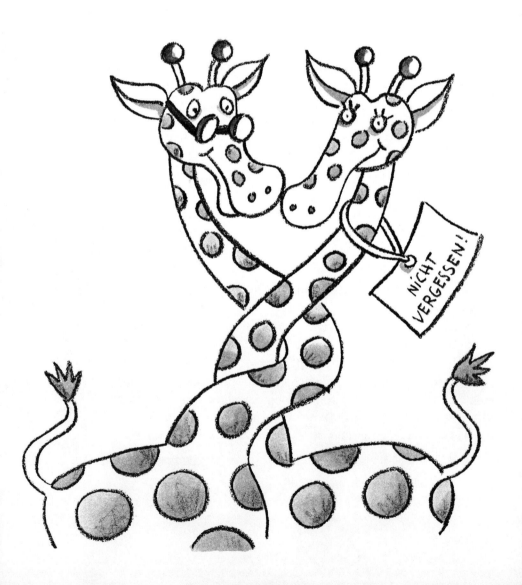

Onkel Theo erzählt vom Radio

„So, ihr Kinder", sagte Onkel Theo. „Heute werdet ihr mal wieder was lernen." Die Kinder setzten sich auf Onkel Theos grünes Sofa und spitzten die Ohren. „Also", sagte Onkel Theo. „Das Radio." Und er kratzte sich am Kopf.
„Das Radio ist ein kleiner, unscheinbarer Kasten, und doch ist es ein wunderbares Ding. Das wisst ihr natürlich: Das Radio kann sprechen und Musik machen. Aber bestimmt fragt ihr euch, wie die ganze Sache funktioniert.
Gut, ich werde euch jetzt erklären, wie das Radio eine Gute-Nacht-Geschichte erzählt. Hört genau zu, es ist nicht ganz einfach. Man muss dazu nämlich wissen, wie es innen im Radio zugeht.
Außen am Radio ist ein kleiner Knopf. Auf diesen Knopf muss man drücken, dann geht das Radio an. Innen ist eine lange Schnur an dem Knopf befestigt. Wenn man auf den Knopf drückt, dann zieht sich die Schnur ein bisschen nach vorn. Die Schnur ist am anderen Ende um ein kleines Rad gewickelt. Wenn man auf den Knopf drückt und die Schnur sich ein bisschen nach vorn zieht, dann dreht sich das Rad. An dem Rad ist eine eiserne Stange. Wenn man auf den Knopf drückt, die Schnur sich ein bisschen nach vorn zieht und das Rad sich dreht, dann schlägt die Stange auf einen Gong und macht ein lautes Geräusch. Der Gong ist in einem kleinen Zimmer. In dem Zimmer ist eine Frau, die ist so winzig, dass sie in ein Radio hineinpasst. Die winzige Frau sitzt in einem weichen Sessel und schläft. Wenn man auf den Knopf drückt, die Schnur sich ein bisschen nach vorn zieht, das Rad sich dreht, die Stange auf den Gong schlägt und ein lautes Geräusch macht, dann wacht die winzige Frau auf und erzählt eine Gute-Nacht-Geschichte.
So funktioniert das also. Habt ihr das gewusst?"
Die Kinder schüttelten den Kopf.
„Jetzt wisst ihr Bescheid", sagte Onkel Theo. „Und es gibt noch viel mehr solcher Zimmer. In einem sitzt ein Mann mit einer Posaune, in einem anderen sogar eine ganze Musikkapelle! Außen am Radio ist

ein Rädchen, wenn ihr daran dreht, schlägt der Gong in einem der anderen Zimmer. Dann wachen die Musiker auf und machen Musik.
Aber was tut jetzt die Frau, die die Geschichten vorliest? Erst liest sie noch ein wenig weiter, dann merkt sie plötzlich, dass ihr niemand mehr zuhört. Da ist sie ein bisschen traurig, sie hört auf zu lesen, und bald darauf schläft sie ein.
Wenn ihr das nächste Mal eine Geschichte im Radio hört, dann könnt ihr die winzige Frau trösten. Dazu braucht ihr nur, sobald ihr das Radio ausgeschaltet habt, auf das Radio zu klopfen. Einmal klopfen heißt: Die Geschichte war langweilig. Und dreimal klopfen heißt: Das war eine tolle Geschichte.
Die winzige Frau hört das Klopfen im Schlaf. Wenn ihr nur einmal klopft, dann schläft sie die ganze Nacht sehr unruhig und versucht, sich bessere Geschichten auszudenken. Aber wenn ihr dreimal klopft, dann träumt sie vor Freude einen wunderschönen Traum!"

„So ein Quatsch!", riefen die Kinder. „Ihr glaubt mir nicht?", fragte Onkel Theo und kratzte sich am Kopf. „Dann erzähle ich euch eben nichts mehr", sagte er. „Doch!", baten die Kinder. Onkel Theo überlegte. „Also gut", sagte er. „Vielleicht ein anderes Mal. Aber für heute ist Schluss."

Onkel Theo erzählt von der Ratte

„So, ihr Kinder", sagte Onkel Theo. „Heute werdet ihr mal wieder was lernen." Die Kinder setzten sich auf Onkel Theos grünes Sofa und spitzten die Ohren. „Also", sagte Onkel Theo. „Die Ratte." Und er kratzte sich am Kopf.
„Ratten gibt es unzählige in der ganzen Welt, und das liegt daran, dass sich die Ratte hervorragend an ihre Umgebung anpasst. Die Wasserratte zum Beispiel, die am Ufer großer Flüsse lebt, kann Stunden tauchen, ohne Luft zu holen. Die Rüsselratte, die am liebsten unter Küchenschränken wohnt, saugt mit ihrem Rüssel selbst die kleinsten Krümel vom Boden.
Auf den schneebedeckten Bergen Bayerns lebt die Rodelratte. Sie kann ihre Vorderbeine so weit nach hinten und ihre Hinterbeine so weit nach vorne biegen, dass die Füße einander berühren. Aus dieser Beinstellung ergibt sich die Form einer Kufe, und so trägt die Rodelratte ihren Namen mit Recht: Wie ein Schlitten rodelt sie auf ihren zwei Kufen ins Tal.
Ihr könnt euch vorstellen, dass so eine Rodelratte ziemlich schnell den Berg hinunter saust. Aber selbst diese flotte Ratte kommt nur langsam voran im Vergleich mit der afrikanischen Rennratte, und von der will ich euch heute erzählen.
Die Rennratte lebt in der Wüste Sahara. Dort gibt es fast nur Sand, man kann sich vor feindlich gesinnten Löwen nicht gut verstecken, und die Rennratte, sobald sie einen Löwen bemerkt, ergreift die Flucht. Sie ist also gut trainiert.

Vermutlich deshalb ist die Rennratte das schnellste Tier der Welt. Sie rennt schneller als eine Gazelle, sie rennt schneller als eine Schwalbe fliegt, ja sie rennt sogar schneller als ihr eigener Schall.

Wenn man eine Rennratte rennen sieht, dann hört man nicht das leiseste Geräusch. Wenn sie aber vorbeigerannt und nicht mehr zu sehen ist, dann plötzlich hört man das Trippeln ihrer Füße. Die Rennratte rennt voran, und die Geräusche kommen etwas später hinterher.

Das ist besonders lustig, wenn zwei Rennratten nebeneinander her rennen und sich unterhalten dabei. Man sieht die beiden Rennratten, aber erst nach einer Weile, wenn sie längst verschwunden sind, kommt die Unterhaltung hinterher.

Daran liegt es, dass man in der Wüste manchmal Stimmen hört, aber niemanden sieht, der spricht. Es ist das Gespräch zweier Rennratten, die vor kurzem in der Gegend waren.

Für einsame Rennratten ist diese Eigenschaft übrigens ein großer Vorteil. Könnt ihr euch vorstellen, wie eine einsame Rennratte sich die Zeit vertreibt?"

Die Kinder schüttelten den Kopf.

„Das geht so: Die einsame Rennratte sagt etwas, sie rennt los, und nach ein paar hundert Metern bleibt sie stehen. Sie hört, was sie gesagt hat, sie gibt sich eine Antwort, sie rennt wieder zurück. Und wieder hin. Und wieder zurück.

Manchmal kommt es sogar vor, dass eine Rennratte zankt mit sich selbst. Aber nicht sehr oft, denn wenn ihr die Zankerei zu viel wird, dann rennt sie einfach davon."

„So ein Quatsch!", riefen die Kinder. „Was?", fragte Onkel Theo. „Quatsch nennt ihr das? Und euch soll ich noch was erzählen?" Aber weil die Kinder sehr darum baten, sagte Onkel Theo: „Also gut. Vielleicht ein anderes Mal. Aber für heute ist Schluss."

Onkel Theo erzählt vom Holzwurm

„So, ihr Kinder", sagte Onkel Theo. „Heute werdet ihr mal wieder was lernen." Die Kinder setzten sich auf Onkel Theos grünes Sofa und spitzten die Ohren. „Also", sagte Onkel Theo. „Der Holzwurm." Und er kratzte sich am Kopf.
„Der Holzwurm ist bei vielen Eltern ein beliebtes Haustier, weil er wenig Platz braucht und wenig Arbeit macht. Kinder mögen ihn nicht so sehr, weil es langweilig ist, einen Holzwurm zu haben. Er lebt versteckt im Holz, zeigt sich nur sehr selten, und man kann nicht mit ihm spielen.

Trotzdem ist der Holzwurm ein interessantes Tier. In seinem früheren Leben war er eigentlich ein kleiner Regenwurm. Aber während die meisten Regenwürmer sehr gerne Regenwetter haben, konnte er den Regen nicht ausstehen. Außerdem mochte er es nicht, im Matsch herumzukriechen und sich dreckig zu machen. Und schließlich hasste er frische Luft. Er fand es entsetzlich, immer draußen an der frischen Luft sein zu müssen.

Dieser kleine Regenwurm lernte eine Raupe kennen, die ihm erklärte, wie man sich in einen Schmetterling verwandelt. ‚Tolle Sache', meinte der kleine Regenwurm, aber ein Schmetterling wollte er nicht werden, wegen der vielen frischen Luft. Nach etwas Übung gelang es ihm, sich in einen Holzwurm zu verwandeln.

Der Holzwurm lebte seitdem mitten im Holz der Seitenwand eines Bücherregals. Da wurde er nicht nass und nicht dreckig.

Trotzdem war er nicht glücklich. Er war einsam und fragte sich, ob er wohl der einzige Holzwurm auf der Welt war, oder ob es da noch einen gab. Und seitdem fraß er sich durch das Holz und suchte nach einem zweiten Holzwurm. Manchmal wählte er die falsche Richtung und schaute aus Versehen ins Freie, dann drehte er schnell um und suchte in der anderen Richtung weiter. Er grub lange Tunnel durch die Regalbretter, aber einen zweiten Holzwurm fand er nicht.

Stattdessen guckte er eines Tages wieder aus dem Holz heraus, doch diesmal landete er nicht in der frischen Luft, sondern in einem Buch. Er bohrte sich ein wenig hinein. Das schmeckte anders als Holz. Das war spannend! Das Buch war sogar so spannend, dass sich der Holzwurm durch alle Seiten fraß. Als er fertig war, kroch er weiter in ein zweites Buch, dann in ein drittes, er konnte gar nicht mehr aufhören.

So ist aus dem Holzwurm ein Bücherwurm geworden! Und was meint ihr, ist er jetzt glücklich?"

Die Kinder schüttelten den Kopf.

„Ganz glücklich ist er nicht", sagte Onkel Theo, „denn er ist immer noch allein. Aber wenigstens ist ihm nicht langweilig."

„So ein Quatsch!", riefen die Kinder. „Was?", fragte Onkel Theo. „Quatsch nennt ihr das? Und euch soll ich noch was erzählen?" Aber weil die Kinder sehr darum baten, sagte Onkel Theo: „Also gut. Vielleicht ein anderes Mal. Aber für heute ist Schluss."

Onkel Theo erzählt von den Löchern

„So, ihr Kinder", sagte Onkel Theo. „Heute werdet ihr mal wieder was lernen." Die Kinder setzten sich auf Onkel Theos grünes Sofa und spitzten die Ohren. „Also", sagte Onkel Theo. „Die Löcher." Und er kratzte sich am Kopf.
„Wenn ihr nicht aufpasst beim Spielen, dann fallt ihr hin, ihr reißt euch die Hose kaputt, und schon sind Löcher in den Hosenbeinen. Da sind eure Eltern vielleicht nicht so sehr begeistert.
Aber keine Sorge, ihr könnt sie trösten. Erklärt ihnen, dass Löcher in der Hose ungeheuer wichtig sind für die Belüftung der Beine. In einer Hose ohne Löcher steht die Luft, und besonders im Sommer wird es unangenehm warm und stickig darin. Ich frage mich, wieso überhaupt noch Hosen ohne Löcher verkauft werden. Gesund ist das bestimmt nicht.
In der Schweiz jedenfalls tragen die Kinder nur noch Hosen mit Löchern. Sie brauchen sich die Löcher nicht selbst zu reißen, und hinfallen müssen sie auch nicht. Die Hosen werden schon im Geschäft mit fertigen Löchern verkauft.
Früher, als ich so alt war wie ihr, wurden diese Löcher in mühseliger Handarbeit hergestellt. Heute ist das natürlich anders. In den großen Schweizer Lochfabriken sausen tausend Löcher in der Sekunde über ein Fließband, und sie werden von Robotern nach Größe und Form sortiert: Kleine runde, große runde, viereckige, ovale Löcher – sie landen alle in verschiedenen Kisten.
Es gibt zwei Dinge aus der Schweiz, die berühmt sind in der ganzen Welt. Das eine sind die Schweizer Uhren. Sie gehen etwas langsamer als andere Uhren, und das ist gut so, denn wenn man sie benutzt, hat man ein bisschen mehr Zeit. Das andere sind die Schweizer Löcher. Falls ihr eine Hose mit fertigen Löchern kauft, achtet mal darauf: Die Löcher kommen ganz bestimmt aus einer Schweizer Lochfabrik.
Allerdings werden inzwischen so viele Löcher gebraucht, dass nicht einmal die

großen Schweizer Fabriken genug davon herstellen können. Da ist es ein Glück, dass man gebrauchte Löcher wieder verwenden kann! Jeder kann dabei helfen.
Wisst ihr, was ihr machen müsst?"
Die Kinder schüttelten den Kopf.
„Mülltrennung!", sagte Onkel Theo. „Wenn ihr mal eine Hose habt, die zu nichts mehr zu gebrauchen ist, dann schmeißt sie nicht einfach weg. Die Hose kann in den Restmüll, aber die Löcher, die nehmt ihr vorher raus und werft sie in den Lochcontainer. Dort werden sie gesammelt und der Wiederverwertung zugeführt.
Und wer weiß, wenn ihr dann später mal einen Schweizer Käse mit vielen Löchern esst, vielleicht sind die Löcher darin ja aus den Löchern eurer Hose gemacht!"
„So ein Quatsch!", riefen die Kinder. „Was?", fragte Onkel Theo. „Quatsch nennt ihr das? Und euch soll ich noch was erzählen?" Aber weil die Kinder sehr darum baten, sagte Onkel Theo: „Also gut. Vielleicht ein anderes Mal. Aber für heute ist Schluss."

Onkel Theo erzählt vom Faultier

„So, ihr Kinder", sagte Onkel Theo. „Heute werdet ihr mal wieder was lernen." Die Kinder setzten sich auf Onkel Theos grünes Sofa und spitzten die Ohren. „Also", sagte Onkel Theo. „Das Faultier." Und er kratzte sich am Kopf.
„Das Faultier heißt Faultier, weil es den lieben langen Tag faul an einem Ast hängt. Es ist das faulste Tier, das es gibt. Es hat ungepflegte lange Haare, weil es zu faul ist, sich zu kämmen oder zu waschen. Es bewegt sich so wenig wie möglich. Wenn es sich aber doch einmal am Ast entlanghangelt, dann geht das so: Es bewegt erst einen Finger, dann, Minuten später, den zweiten Finger, dann, noch später, langsam, ganz langsam streckt es den Arm ein winziges Stück vor, und noch ein Stück, langsam, ganz langsam, und so weiter - aber schon ist eine halbe Stunde vorbei, da macht es erst einmal Ruhepause.

So faul ist das Faultier, und es ist sehr langweilig, so faul zu sein. Vor lauter Langeweile würde das Faultier am liebsten den ganzen Tag gähnen. Aber zum Gähnen müsste es das Maul weit aufreißen, und dazu wiederum ist es zu faul. Nur zum Fressen macht es das Maul ein wenig auf und wartet, bis ihm ein Blatt hineinwächst. Zum Glück wachsen die Blätter im Urwald recht schnell.
Die Faultierkinder jedoch sind nicht ganz so faul. Weil das Faulsein so langweilig ist, haben sie überhaupt keine Lust, faul zu sein. Sie würden viel lieber in den Ästen herumspringen wie die Affenkinder, und sie müssen sich an das Faulsein erst gewöhnen.
Die Faultierkinder gehen in die Faultierschule. Dort lernen sie, dass ein Faultier sich so wenig wie möglich bewegt, dass es niemals schreibt, niemals rechnet und sich niemals die Zähne putzt.
Die fleißigsten Faultiere sitzen in der ersten Reihe, damit der Faultierlehrer sie besser im Blick hat und ihnen ihre Flausen austreiben kann. Sie bekommen ein paar Rechenaufgaben, und wer die meisten gelöst hat, der muss zur Strafe nachsitzen. Ohne sich zu bewegen bitte!
Bücher gibt es in der Faultierschule natürlich nicht. Aber manchmal verteilt der Faultierlehrer in der ersten Reihe ein paar Zeitschriften mit bunten Bildern. Und könnt ihr euch vorstellen, was passiert, wenn eines der fleißigsten Faultiere nach so einer Zeitschrift greift und hineinschauen möchte?"
Die Kinder schüttelten den Kopf.
„Dann macht der Faultierlehrer eine träge Bewegung - erst mit einen Finger, dann, Minuten später, mit dem zweiten Finger, und noch später, langsam, ganz langsam streckt er den Arm ein winziges Stück vor und auf das fleißige Faultierkind zu, und noch ein Stück, langsam, ganz langsam, und so weiter - und

dann, ungefähr eine halbe Stunde später, husch, bekommt das fleißige Faultierkind eins auf die Finger! Zum Glück tut es nicht sehr weh, weil der Faultierlehrer viel zu faul ist, um wirklich fest zu hauen."

„So ein Quatsch!", riefen die Kinder. „Was?", fragte Onkel Theo. „Quatsch nennt ihr das? Und euch soll ich noch was erzählen?" Aber weil die Kinder sehr darum baten, sagte Onkel Theo: „Also gut. Vielleicht ein anderes Mal. Aber für heute ist Schluss."

Onkel Theo erzählt vom Toaster

„So, ihr Kinder", sagte Onkel Theo. „Heute werdet ihr mal wieder was lernen." Die Kinder setzten sich auf Onkel Theos grünes Sofa und spitzten die Ohren. „Also", sagte Onkel Theo. „Der Toaster." Und er kratzte sich am Kopf.

„Die meisten Leute glauben, so ein Toaster sei ein harmloses Gerät, mit dem man sich schwabbeliges Weißbrot aufbackt. Das ist nicht ganz falsch, aber harmlos ist so ein Toaster bestimmt nicht.

Sobald das Brot fertig gebacken ist, wird es nämlich mit einem Federmechanismus nach obengeschleudert. Und hier liegt die Gefahr. Bei manchen Toastern geschieht das automatisch, und das Brot fliegt mit solcher Geschwindigkeit in die Luft, dass man es anschließend im ganzen Zimmer aufsammeln muss. Und wenn das Brot beim Toasten zu hart geworden ist, dann kann es sogar Beulen und Verletzte geben.

Besonders gefährlich ist es, Steinofenbrot zu toasten. Wenn das aus dem Toaster fliegt, und wenn man das an den Kopf bekommt, dann weiß man, warum es Steinofenbrot heißt.

Wie gefährlich toasten sein kann, musste eine unvorsichtige Familie aus Mittelengland erfahren, die auf einem Flohmarkt einen Toaster gekauft hatte.

Ausgeschaltet sah das Gerät aus wie ein gewöhnlicher Toaster, mit einem Drehknopf an der Seite, auf dem die Zahlen eins bis sechs stehen. Aber es war ein Killertoaster, und die Zahlen waren die Schwierigkeitsgrade.

Wehe, man stellt ihn auf Stufe sechs!

Der Killertoaster beginnt beim Toasten durch das Zimmer zu wandern. Er schleudert das getoastete Brot in die Luft. Er fängt es wieder ein, bald ist es doppelt getoastet und knüppelhart. Dann springt er wild durch den Raum und schießt in alle Richtungen, sogar seitwärts, ein Schuss nach dem anderen, man weiß nicht, wo die ganzen Brote auf einmal herkommen, und dank einer besonderen Zielvorrichtung trifft er alles, was sich bewegt.

Schrecklich, nicht wahr? Aber die unvorsichtige Familie aus Mittelengland hatte Glück im Unglück. Könnt ihr euch vorstellen, warum?"

Die Kinder schüttelten den Kopf.

„Es kam so", sagte Onkel Theo. „Die unvorsichtige Familie war so unvorsichtig, dass sie beim ersten Test ihres Toasters mit Sesam bestreute Weißbrotscheiben in den Toaster steckte. Das darf man nicht machen, aber in diesem Fall war es gut so! Plötzlich knallten lauter Kugeln in die Luft. Das waren die Sesamkörner, die sich durch die große Hitze in Sesampopcorn verwandelten.

Die Sesampopkörner schossen bis an die Decke und trafen die Glühbirne der Küchenlampe. Die ging kaputt, das Licht ging aus, die Sicherung flog raus, es gab einen Stromausfall in ganz Mittelengland – und das war Glück im Unglück, denn dadurch hörte der Toaster auf zu toasten. Wer weiß, was sonst noch alles passiert wäre!"

„So ein Quatsch!", riefen die Kinder. „Was?", fragte Onkel Theo. „Quatsch nennt ihr das? Und euch soll ich noch was erzählen?" Aber weil die Kinder sehr darum baten, sagte Onkel Theo: „Also gut. Vielleicht ein anderes Mal. Aber für heute ist Schluss."

Onkel Theo erzählt vom Kaninchen

„So, ihr Kinder", sagte Onkel Theo. „Heute werdet ihr mal wieder was lernen." Die Kinder setzten sich auf Onkel Theos grünes Sofa und spitzten die Ohren. „Also", sagte Onkel Theo. „Das Kaninchen." Und er kratzte sich am Kopf.
„Das Kaninchen ist ein insgesamt eher kleines Tier mit auffällig großen Ohren. Das hat die Tierforscher schon immer verwirrt, und sie streiten sich darüber, ob das Kaninchen das kleinste der großen Tiere oder aber das größte der kleinen Tiere ist.
Auf jeden Fall gibt es unzählbar viele Kaninchen, da sich Kaninchen sehr schnell vermehren. Alleine ich kenne mindestens sechs Familien, die letztes Jahr noch kein Kaninchen hatten, und jetzt haben sie eins.
Das ist auch gut so, denn das Kaninchen ist eines der nützlichsten Haustiere, die es gibt. Wer gerne bastelt, wer etwas reparieren muss, oder wer ein Bild aufhängen möchte, sollte ein Kaninchen besitzen. Das Kaninchen ist nämlich handwerklich äußerst geschickt. Besonders gut kann es Haken schlagen.
Ein tüchtiges Kaninchen schlägt in der Minute rund dreißig Haken. Das ist ungeheuer schnell. Die meisten Leute haben gar nicht genug Sachen, um sie an all den Haken aufzuhängen.
In Nepal sind Hakenschlagwettbewerbe ein beliebter Volkssport. Schon Wochen, bevor es los geht, trainieren die Hakenschlagkaninchen in den Wohnungen ihrer Besitzer. Da ist schnell kein freier Platz mehr an der Wand, und darum fragen die Kaninchenbesitzer alle Freunde und Bekannte, ob nicht vielleicht bei ihnen etwas aufgehängt werden muss.
Am letzten großen Hakenschlagwettbewerb in Nepal haben rund 1000 Kaninchen teilgenommen, und jedes Jahr werden es mehr. Leider gibt es nicht mehr viele freie Wände in Nepal. Aber dafür gibt es ein großes Gebirge, den Himalaja, und dort findet der Wettbewerb inzwischen statt. Die Kaninchen schlagen

Bergsteigerhaken in die Gebirgswände. Das Ganze macht einen solchen Krach, dass die Kaninchen ihre Ohren einfalten, damit sie nicht taub davon werden.

Der Wettkampf dauert nur fünf Minuten, dann pfeift der Schiedsrichter ab. Das Kaninchen, das die meisten Haken geschlagen hat, ist Sieger und bekommt jede Menge zarten Himalajasalat, und sein Besitzer eine vergoldete Möhre.

So geht es zu in Nepal, jetzt wisst ihr es! Aber wisst ihr auch, was in Nepal ein Kaninchenbesitzer zum anderen sagt, wenn ihm eine Sache besonders gut gefällt?"

Die Kinder schüttelten den Kopf.

„Nun", sagte Onkel Theo, „wenn einem Kaninchenbesitzer aus Nepal etwas besonders gut gefällt, dann sagt er: ‚Die Sache hat bestimmt einen Haken!'"

„So ein Quatsch!", riefen die Kinder. „Was?", fragte Onkel Theo. „Quatsch nennt ihr das? Und euch soll ich noch was erzählen?" Aber weil die Kinder sehr darum baten, sagte Onkel Theo: „Also gut. Vielleicht ein anderes Mal. Aber für heute ist Schluss."

Onkel Theo erzählt von den Buchstaben

„So, ihr Kinder", sagte Onkel Theo. „Heute werdet ihr mal wieder was lernen." Die Kinder setzten sich auf Onkel Theos grünes Sofa und spitzten die Ohren. „Also", sagte Onkel Theo. „Die Buchstaben." Und er kratzte sich am Kopf.

„Bestimmt habt ihr alle schon einmal Buchstaben gesehen. Das sind bekanntlich kleine Nudeln, die es in ganz verschiedenen Formen gibt. Man kann sie hintereinander legen, zum Beispiel so: AHNESPTTCEUL. Wenn man Glück hat, kommt ein Wort dabei heraus, zum Beispiel so: ASCHENPUTTEL.

Die Suppe, in der diese Nudeln schwimmen, nennt man die Buchstabensuppe.

Es ist eine ganz besondere Suppe, denn in jedem Teller Buchstabensuppe ist eine tolle Geschichte versteckt. Erst sieht es nur durcheinander aus, so wie AHNESPTTCEUL. Man muss mit dem Löffel in der Suppe rühren, und irgendwann, wenn man lange genug rührt, kommt die Geschichte zum Vorschein.

Leider haben die meisten Leute dazu keine Geduld. Sie essen die Suppe einfach auf, und so sind schon viele schöne Geschichten in den Bäuchen ungeduldiger Suppenesser gelandet.

Deshalb beschlossen die Geschichtenerzähler eines Tages, die Buchstaben abzumalen und die Geschichten aufzuschreiben. Seitdem stehen die Buchstaben auch auf Blättern und in Büchern - da geraten sie nicht so schnell durcheinander wie in der Suppe, und rühren muss auch niemand mehr.

Aber ihr wisst ja jetzt Bescheid, und bestimmt seid ihr geduldig. Wenn es das nächste Mal eine Buchstabensuppe zu Mittag gibt, dann esst ihr sie nicht einfach auf, sondern rührt so lange, bis ihr die Geschichte darin findet!

Um die Geschichte zu finden, muss man natürlich wissen, was die Buchstaben bedeuten. Das ist nicht so einfach, denn es gibt 26 verschiedene Buchstaben, wer sich die alle merken kann, ist ganz schön schlau.
Aber wisst ihr auch, warum es 26 Buchstaben sind?"
Die Kinder schüttelten den Kopf.
„Früher waren es weniger", sagte Onkel Theo. „Als ich so alt war wie ihr, hatte das Alphabet nur 23 Buchstaben. Die vollkommen überflüssigen Buchstaben X, Y und Z gab es noch nicht.
Die hat erst vor wenigen Jahren eine junge Lehrerin aus Nürnberg erfunden. Ihre Schulklasse war nämlich so fleißig und so schnell mit dem Lernen fertig, dass die Kinder schon vier Wochen vor Ende des Schuljahrs alle 23 Buchstaben konnten. Die arme Lehrerin wusste nicht, wie sie die Zeit rumkriegen sollte bis zu den Sommerferien, und da erfand sie einfach das X, das Y und das Z dazu.
Die kleine Schummelei fiel zum Glück nicht weiter auf. Aber seitdem hängen hinten am Alphabet diese drei Buchstaben, die auch heute noch ziemlich selten vorkommen und die eigentlich niemand braucht."
„So ein Quatsch!", riefen die Kinder. „Was?", fragte Onkel Theo. „Quatsch nennt ihr das? Und euch soll ich noch was erzählen?" Aber weil die Kinder sehr darum baten, sagte Onkel Theo: „Also gut. Vielleicht ein anderes Mal. Aber für heute ist Schluss."

Inhalt

Onkel Theo erzählt von der Banane..................5
Onkel Theo erzählt vom Pferd..................7
Onkel Theo erzählt vom Putzlappen..................9
Onkel Theo erzählt vom Känguru..................12
Onkel Theo erzählt vom Nilpferd..................14
Onkel Theo erzählt von der Spaghetti..................16
Onkel Theo erzählt vom Esel..................18
Onkel Theo erzählt vom Huhn..................20
Onkel Theo erzählt vom Bleistift..................22
Onkel Theo erzählt vom Hering..................23
Onkel Theo erzählt vom Elefanten..................25
Onkel Theo erzählt vom Nashorn..................27
Onkel Theo erzählt vom Schuh..................29
Onkel Theo erzählt vom Kaugummi..................30
Onkel Theo erzählt vom Murmeltier..................32
Onkel Theo erzählt vom Radiergummi..................34
Onkel Theo erzählt vom Telefon..................36
Onkel Theo erzählt vom Nichts..................38
Onkel Theo erzählt von der Giraffe..................40
Onkel Theo erzählt vom Radio..................43
Onkel Theo erzählt von der Ratte..................45
Onkel Theo erzählt vom Holzwurm..................47
Onkel Theo erzählt von den Löchern..................49
Onkel Theo erzählt vom Faultier..................50
Onkel Theo erzählt vom Toaster..................52
Onkel Theo erzählt vom Kaninchen..................55
Onkel Theo erzählt von den Buchstaben..................56